DRINKS OHNE ALKOHOL

Spritziges für alle

Autorin: Christina Geiger | Fotos: Kramp + Gölling Fotodesign

INHALT

TIPPS UND EXTRAS

8 FITMACHER

DAS RICHTIGE HANDWERKSZEUG

Es braucht nicht viele Geräte zur Zubereitung der Drinks. Neben den üblichen wie Messer und digitaler Küchenwaage lohnt sich jedoch die Anschaffung einiger weiterer Helfer.

STANDMIXER

Er darf im Haushalt keinesfalls fehlen, wenn man Drinks aller Art zubereiten möchte. Wer sich ein neues Gerät anschafft, sollte nicht sparen. Günstigeren Modellen fehlt es oft an ausreichend Leistung, sie sind billiger verarbeitet und liefern ein schlechteres Mixergebnis. Also lieber etwas mehr investieren und auf Qualität achten! Wichtige Kaufkriterien: reichlich Power, hohe Geschwindigkeit, Form und Größe des Behälters, Form der Messer. Optimale Ergebnisse – also cremige Smoothies oder Shakes (auch in größeren Mengen) mit sehr fein zerkleinertem Fruchtfleisch von härterem Obst oder Gemüse und auch Eiswürfeln – erhält man bei einem Motor mit 1000 bis 1200 Watt. Und er sollte rund 28000 bis 30000 Umdrehungen pro Minute sowie einen hohen (viereckigen) 2-Liter-Behälter mit dünnen, flach gestellten Messern für eine hervorragende Sogwirkung haben. Außerdem sollte der Mixer standsicher, gut zu reinigen und einfach, schnell und intuitiv zu zerlegen und zusammenzubauen sein. Wer bereits einen Mixer zu Hause hat, der weniger Leistung bringt, sollte Obst und Gemüse möglichst klein schneiden und Eiswürfel im Gefrierbeutel mit dem Nudelholz zerkleinern, bevor sie in den Mixer kommen.

PÜRIERSTAB

Um kleinere Mengen an weichen Früchten fein zu zerkleinern oder Milch und Kakao aufzuschäumen, ist ein Pürierstab von Vorteil. Auch hier auf Qualität

(z. B. Edelstah mixfuß), scharfe Messer und eine hohe Leistung (mind. 700 Watt und mehrere Geschwindigkeitsstufen) achten.

MILCHAUFSCHÄUMER (MIT BATTERIE)
Einfach perfekt, um etwa Milch direkt im Glas, im Topf oder in der Kanne aufzuschäumen. Das kann alternativ auch gut mit einem Schneebesen oder einem Pürierstab gemacht werden.

MÖRSER
Damit lassen sich nicht nur Gewürze oder Kräuter fein mahlen oder grob zerkleinern, mit dem Stößel kann man auch Früchte (z. B. für Flavored Water, siehe S. 17, oder Ipanema Virgin, siehe S. 46) andrücken. Für ein gutes Arbeiten sollte der Mörser schön schwer sein, nicht zu klein und möglichst aus Granit – auf jeden Fall aus einem Material mit rauer Oberfläche, auf der alle Zutaten wirkungsvoll zerrieben werden können.

EISWÜRFELBEHÄLTER
Gibt es mittlerweile in den verschiedensten Ausführungen. Würfel in Groß und Klein, Herzen, Stäbe, Pinguine, Blumen – alles kann man haben. Ob man sich für ein Modell aus Kunststoff (Polypropylen) mit oder ohne Deckel oder eines aus Silikon entscheidet, ist Geschmackssache. Hat der Behälter einen Deckel, gibt es kein Verschütten und mehrere Behälter können im Tiefkühlfach übereinandergestapelt werden. Für die Entnahme der Würfel aus Kunststoffbehältern kurz heißes Wasser über die Unterseite laufen lassen, dann daraufklopfen. Anschließend den Deckel öffnen, falls vorhanden, und die Eiswürfel herausfallen lassen. Silikonformen sind so flexibel – auch bei niedrigsten Temperaturen –, dass man die Eiswürfel einfach herausdrücken kann. Eine günstige Alternative: Eiswürfelbeutel. Nach Anleitung Wasser oder auch Saft einfüllen und gefrieren lassen, dann nur noch die Würfel durch die Folie drücken. Die Beutel sind bestens geeignet für einfache Würfel aus Flüssigkeit, sie sind jedoch nichts für Deko-Eis mit Früchten oder Blumen (siehe S. 22).

EINE BUNTE AUSWAHL – SIRUPE

Ob für Limonaden, Cocktails oder Tees: Sirupe sind unglaublich vielfältig einsetzbar. Sie liefern Farbe, Aroma und Süße. Einfach nur unterrühren oder aufgießen.

1 BASILIKUM-LIMETTEN-SIRUP

2 Bio-Limetten in Stücken mit 250 ml Wasser aufkochen, dann abkühlen lassen. Blätter von 2 großen Bund Basilikum und 2 Stängeln Petersilie im Mörser fein zerreiben und dazugeben. Den Ansatz über Nacht ziehen lassen, dann abgießen. Limetten ausdrücken und mit 250 g Zucker verrühren, erneut ca. 10 Min. kochen lassen. Sirup abfüllen.

2 BLÜTENSIRUP

200 ml Wasser und 200 g Zucker verrühren, aufkochen. Abkühlen lassen. 2–3 große Handvoll ungespritzte essbare Blütenblätter (z. B. von Holunder, Flieder, Duftrosen) und 1 EL Zitronensaft untermischen. Den Sirup abgedeckt an einem kühlen Ort 4–5 Tage ziehen lassen, dabei ab und zu durchschütteln. Dann durch ein Sieb gießen, nochmals kurz erhitzen. Sirup abfüllen.

3 CRANBERRYSIRUP

300 g Cranberrys mit 450 ml Wasser aufkochen, bei mittlerer Hitze ca. 10 Min. kochen lassen. Durch ein Sieb gießen (es sollten 250 ml Saft sein). Die Früchte leicht ausdrücken, mit 250 g Zucker verrühren, erneut ca. 5 Min. kochen lassen. Mit 2 Streifen Schale von 1 Bio-Orange abfüllen.

4 ORANGEN-INGWER-SIRUP

Saft von 2 Orangen mit Wasser auf 400 ml auffüllen. Mit der Schale von 1 Bio-Orange und 6 cm Ingwer in Scheiben aufkochen, bei mittlerer Hitze ca. 10 Min. kochen lassen. Vom Herd nehmen und 4–5 Std. ziehen lassen. Durch ein Sieb gießen (es sollten 250 ml Saft sein), mit 250 g Zucker verrühren, erneut aufkochen und ca. 5 Min. kochen lassen. Mit 2–3 Ingwerscheiben abfüllen.

5 QUITTEN-GEWÜRZ-SIRUP

2 große Quitten in Stücken, 3 grüne Kardamomkapseln, ½ Vanilleschote, 1 Zimtstange, 1 Sternanis und 1 l Wasser aufkochen, bei mittlerer Hitze ca. 1 Std. kochen lassen. Topf vom Herd nehmen und 4–5 Std. ziehen lassen. Durch ein Sieb gießen (es sollten 250 ml Saft sein), mit 250 g Zucker verrühren, erneut aufkochen und ca. 5 Min. kochen lassen. Sirup abfüllen.

6 TEESIRUP

250 ml Wasser erhitzen, 3 Teebeutel schwarzer Tee (z. B. Earl Grey) und abgeriebene Schale von 1 Bio-Zitrone dazugeben und ca. 15 Min. ziehen lassen. Durch ein Sieb gießen, Teebeutel ausdrücken. Tee mit dem Saft von ½ Zitrone und 250 g Zucker verrühren, danach aufkochen und bei mittlerer Hitze ca. 10 Min. kochen lassen. Sirup abfüllen.

INFO

Eine gut gesäuberte Flasche (ca. 400 ml) mit dem heißen Sirup füllen und verschließen. Er hält sich ca. 1 Monat. Mischt man 1–2 TL Zitronensäure unter, lässt er sich mind. 2–3 Wochen länger aufbewahren. Angebrochene Flaschen kalt stellen!

1
2
3
4
5
6

FITMACHER

Heute nicht in Form? Schlecht aus den Federn gekommen? Ein wenig ausgelaugt? Kein Problem! Bunte Smoothies stärken das Immunsystem und liefern reichlich Vitalstoffe, aromareiches Wasser erfrischt und Booster und Shakes bringen den Organismus wieder auf Trab. Sie müssen nur noch zugreifen!

GOOD MORNING!

Mit diesem Shake starten Sie 1a in den Tag – das Koffein bringt den Kreislauf in Schwung, die Banane spendet Vitamine und Chiasamen sorgen für längere Sättigung.

1 kleine Banane (ca. 120 g)
150 ml Mandeldrink
6 EL kalter Espresso
1 EL Chiasamen
1 EL Quitten-Gewürz-Sirup (siehe S. 6)
2 Msp. Kakaopulver (nach Belieben)

Rockt den Frühstückstisch

Für 1 Drink (ca. 400 ml) | 10 Min. Zubereitung
Pro Drink ca. 235 kcal, 5 g EW, 6 g F, 37 g KH

1 Die Banane schälen und in dicke Scheiben schneiden. Mit dem Mandeldrink und dem Espresso in den Mixer geben und alles auf höchster Stufe fein pürieren.

2 Die Chiasamen, den Sirup und nach Belieben das Kakaopulver dazugeben und alles noch einmal kurz durchmixen. Den Shake in ein Glas, eine Tasse oder zum Mitnehmen in eine Flasche füllen. Die Flasche verschließen. Den Shake nach Belieben mit Trinkhalmen servieren.

VARIANTE FIT FOR FUN

½ säuerlichen, rotschaligen Apfel (z. B. Elstar, Braeburn, Topaz) waschen, vierteln, entkernen und in grobe Würfel schneiden. 150 g kernlose grüne Weintrauben waschen (auch sehr fein: Saftige Birnen, Aprikosen, Wasser- oder Honigmelone in grobe Stücke geschnitten). Apfelwürfel und Weintrauben mit 150 ml Möhrensaft und dem Saft von 1 Limette in den Mixer geben und auf höchster Stufe fein pürieren. Nach Belieben zum Schluss noch 1 EL Chiasamen dazugeben und ganz kurz untermixen. Fertig ist der Fitmacher!

GREEN WONDER

½ kleine Avocado | 1 Handvoll Baby-Blattspinat | 1 Kiwi | 100 g kernlose grüne Weintrauben | 150 ml weißer Traubensaft | Gartenkresse (nach Belieben)

Mit voller Kraft voraus

Für 1 Drink (ca. 400 ml) | 10 Min. Zubereitung
Pro Drink ca. 550 kcal, 5 g EW, 38 g F, 45 g KH

1 Die Avocado vom Stein befreien, das Fruchtfleisch mit einem Esslöffel aus der Schale heben und in grobe Stücke schneiden.

2 Den Spinat waschen, verlesen und trocken schleudern. Die Kiwi schälen und in grobe Stücke schneiden. Die Trauben waschen und abzupfen.

3 Alle vorbereiteten Zutaten mit dem Traubensaft in den Mixer geben und auf höchster Stufe fein pürieren. Den Smoothie in ein Glas, eine Tasse oder zum Mitnehmen in eine Flasche füllen. Die Flasche gut verschließen.

4 Nach Belieben die Kresse waschen, trocken tupfen und den Smoothie vor dem Trinken damit bestreuen. Eventuell noch mit einem Fruchtspieß aus 2 Weintrauben und 1 Kiwischeibe dekorieren.

TIPP

Unbedingt auch mal diesen Mix probieren: Statt der Weintrauben einfach Honigmelone nehmen und den Traubensaft durch Kokoswasser oder Birnensaft ersetzen.

KICKSTARTER

1 Stück Salatgurke (ca. 200 g) | ½ Birne | 1 kleines Stück Ingwer (ca. 1 cm) | 5 Stängel Koriandergrün | 3 Stängel Minze | 100 ml Kokoswasser | 2 Prisen Salz (nach Belieben)

Kalorienarmer Schlankmacher

Für 1 Drink (ca. 400 ml) | 10 Min. Zubereitung
Pro Drink ca. 70 kcal, 1 g EW, 1 g F, 15 g KH

1 Die Salatgurke schälen und in grobe Stücke schneiden. Die Birne schälen, entkernen und ebenfalls in grobe Stücke schneiden. Den Ingwer schälen und in dünne Scheiben schneiden.

2 Die Koriander- und Minzestängel abbrausen und trocken schütteln. 1 Stängel Minze für die Deko beiseitelegen, von den übrigen Kräuterstängeln die Blättchen abzupfen.

3 Alle vorbereiteten Zutaten (bis auf den Minzestängel) mit dem Kokoswasser und eventuell mit dem Salz in den Mixer geben und alles auf höchster Stufe fein pürieren.

4 Den Smoothie in ein Glas, eine Tasse oder zum Mitnehmen in eine Flasche füllen. Die Flasche verschließen. Minzestängel als Deko hineinstecken.

TIPP

Einen Vitamin-C-Schub bekommt der Kickstarter, wenn glatte Petersilie statt des Korianders und der Minze mitgemixt wird.

HOLLER-SHRUB

3 EL getrocknete Holunderbeeren | 1 EL getrocknete Hibiskusblüten | 2 dünne Scheiben Ingwer | 1 Stück Schale von 1 Bio-Zitrone (5 cm) | 1 kleines Stück getrocknete Astragaluswurzel (nach Belieben, aus der Apotheke) | 2 EL heller Essig (z. B. Apfel-, Quitten- oder Pfirsichessig) | 3 EL Honig | 350 ml Mineralwasser (still oder medium)

Am besten über den Tag genießen

Für 1 Drink (ca. 500 ml) | 10 Min. Zubereitung (ohne Abkühlen) | 1 Std. Einweichen | 10 Min. Kochen
Pro Drink ca. 275 kcal, 4 g EW, 1 g F, 59 g KH

1 Die Holunderbeeren und Hibiskusblüten sowie 200 ml Wasser in einen Topf geben. Ingwer und Zitronenschale waschen, nach Belieben die Astragaluswurzel im Mörser grob zerstoßen und alles in den Topf geben. Den Ansatz ca. 1 Std. einweichen und ziehen lassen.

2 Dann den Ansatz aufkochen und offen bei mittlerer Hitze ca. 10 Min. einkochen, anschließend auskühlen lassen. Durch ein Sieb gießen und die Beeren ausdrücken.

3 Holundersaft mit Essig und Honig verrühren und in eine Glas- oder Sporttrinkflasche füllen. Mit dem Mineralwasser aufgießen und die Flasche verschließen. Bis zur Verwendung kalt stellen.

TIPP

Das Essigaroma ist wichtig für den Shrub – ist der Essig zu sauer, dominiert er zu sehr. Also unbedingt auf eine feine Qualität achten. Wem der Essiggeschmack dennoch zu intensiv ist, verdünnt den Shrub zusätzlich mit Wasser.

ENERGY BOOSTER

1 Teebeutel Bergkräutertee (ersatzweise grüner Tee) | 1/4 TL Himalajasalz (ersatzweise Meersalz) | 200 ml Cranberrysaft (ersatzweise schwarzer Johannisbeersaft) | 1 Portionsbeutel Magnesium-Kalzium-Granulat (ca. 3 g, aus der Apotheke) | 2 Prisen Stevia (nach Belieben, aus dem Bioladen)

Perfekter Fitnesspartner

Für 1 Drink (ca. 500 ml) | 10 Min. Zubereitung (ohne Abkühlen)
Pro Drink ca. 50 kcal, 0 g EW, 0 g F, 8 g KH

1 Im Wasserkocher oder Topf 300 ml Wasser aufkochen. Den Teebeutel mit dem heißen Wasser übergießen und ca. 5 Min. ziehen lassen.

2 Den Tee mit Salz, Saft und Magnesium-Kalzium-Granulat entweder in einen Shaker geben und gut durchschütteln. Oder alles im Rührbecher mit dem Schneebesen kräftig verrühren. Den Drink nach Belieben mit Stevia süßen.

3 Den Energy Booster in eine Glas- oder Sporttrinkflasche füllen und im Kühlschrank auskühlen lassen. Eiskalt als Erfrischungs- und Stärkungsdrink genießen, beispielsweise nach dem Sport.

TIPP

Der Booster lässt sich auch nach Geschmack abwandeln. Statt mit Tee können Sie ihn mit Kokoswasser zubereiten oder die oben genannten Säfte durch andere Sorten (z. B. Kirsch-, Rhabarber-, Birnen- oder Apfelsaft) ersetzen.

FLAVORED WATER

250 g gemischte Früchte (z. B. Granatapfelkerne, Kiwi, Orange, Heidelbeeren) | 4 große Stängel Kräuter (z. B. Minze, ersatzweise Zitronenmelisse) | 1,2 l eiskaltes Mineralwasser (still oder medium) | Agavendicksaft (nach Belieben, ersatzweise Ahornsirup)

Erfrischend und aromastark

Für 6 Drinks (à ca. 250 ml) | 10 Min. Zubereitung | 3 Std. Ziehen
Pro Drink ca. 30 kcal, 0 g EW, 0 g F, 6 g KH

1 Die Früchte waschen oder schälen, putzen und in Scheiben oder Stücke schneiden. Die Früchte in große Glasbehälter oder Flaschen mit weiter Öffnung füllen und leicht andrücken (z. B. mit einem Stößel), damit sich das Aroma besser entfalten kann.

2 Die Kräuterstängel abbrausen, trocken schütteln und dazugeben. Die Früchte mit dem Wasser aufgießen und nach Belieben mit Agavendicksaft süßen. Abdecken oder gut verschließen und die Früchte im Wasser mind. 3 Std. ziehen lassen.

TIPP

Erlaubt ist, was schmeckt! Einfach nach Lust und Laune Früchte und Kräuter kombinieren, etwa Kiwi-Brombeere, Ananas-Granatapfel-Minze, Erdbeere-Melone-Basilikum, Pink-Grapefruit-Orange-Zitrone oder Gurke-Limette-Melisse.

MANDARINEN-SMOOTHIE

4 große, saftige Mandarinen | ½ Sharonfrucht (ca. 200 g, ersatzweise Kaki) | 2 dünne Scheiben Ingwer | 1 EL Orangen-Ingwer-Sirup (ersatzweise Blüten- oder Teesirup, siehe S. 6)

Einfach betörend

Für 1 Drink (ca. 300 ml) | 10 Min. Zubereitung
Pro Drink ca. 300 kcal, 5 g EW, 1 g F, 67 g KH

1 Den Saft der Mandarinen auspressen. Die Sharonfrucht waschen oder dünn schälen und den Stielansatz entfernen. Das Fruchtfleisch in grobe Würfel schneiden. Die Ingwerscheiben waschen oder schälen.

2 Die vorbereiteten Zutaten und den Sirup in den Mixer geben und alles auf höchster Stufe fein pürieren. Den Smoothie in ein Glas, eine Tasse oder zum Mitnehmen in eine Flasche füllen.

TIPP

Für eine immunstärkende Wirkung dann noch 1 TL Aloe-vera-Saft (aus dem Bioladen) unter den Smoothie rühren.

EXOTIC SMOOTHIE

1 Stück Mango (ca. 150 g) | 6 Litschis | 150 ml Ananassaft | 2 Maracujas (ersatzweise Passionsfrüchte)

Urlaubsfeeling vom Feinsten

Für 1 Drink (ca. 350 ml) | 10 Min. Zubereitung
Pro Drink ca. 330 kcal, 6 g EW, 2 g F, 65 g KH

1 Die Mango schälen und in grobe Würfel schneiden. Die Litschis schälen und entkernen. Beides mit dem Ananassaft in den Mixer geben und auf höchster Stufe fein pürieren.

2 Die Maracujas halbieren und die Kerne samt Fruchtfleisch mit einem Löffel herausschaben. Alles mit in den Mixer geben und noch mal kurz durchmixen. Den Smoothie in ein Glas, eine Tasse oder zum Mitnehmen in eine Flasche füllen.

TIPP

Sollten die Kerne der Maracujas oder Passionsfrüchte im Smoothie stören, streichen Sie das Fruchtfleisch einfach vor dem Mixen durch ein Sieb und verwenden Sie nur den Saft.

ERDBEER-ANANAS-SMOOTHIE

1 Baby-Ananas | ½ Orange | 80 g TK-Erdbeeren | 1 EL Rohrzucker | 150 ml Milch

Sunrise im Glas

Für 1 Drink (ca. 350 ml) | 10 Min. Zubereitung
Pro Drink ca. 370 kcal, 7 g EW, 6 g F, 68 g KH

1 Ananas schälen und in grobe Würfel schneiden, dabei eventuell den harten Strunk in der Mitte entfernen. Den Saft der Orange auspressen und mit der Ananas in den Mixer geben. Alles auf höchster Stufe fein pürieren.

2 Von dem Ananaspüree 100 ml abmessen und zum Servieren beiseitestellen. Unaufgetaute Erdbeeren, Zucker und Milch zum restlichen Ananaspüree in den Mixer geben und die Mischung ebenfalls fein pürieren.

3 Den Smoothie in ein Glas füllen, das übrige Ananaspüree vorsichtig daraufgießen. Den Smoothie sofort servieren! Am besten mit einem langen Löffel, damit man nach Belieben das Ananaspüree unter den Smoothie ziehen kann.

HIMBEER-BETE-SMOOTHIE

1 Stück Mango (ca. 180 g) | Saft von 1 Orange | 1 TL Chiasamen | 2 dünne Scheiben Ingwer | 1 Stück Banane (ca. 50 g) | 1 kleine gegarte, geschälte Rote Bete (ca. 50 g) | 50 g TK-Himbeeren | Saft von 1 Limette | 1 EL Orangen-Ingwer-Sirup (siehe S. 6) | Vanille aus der Mühle

Echt farbenfroh

Für 1 Drink (ca. 350 ml) | 10 Min. Zubereitung
Pro Drink ca. 295 kcal, 5 g EW, 4 g F, 58 g KH

1 Mango schälen, grob würfeln, mit der Hälfte des Orangensafts im Mixer fein pürieren. Chiasamen dazugeben, kurz untermixen. Püree in eine Tasse füllen, beiseitestellen. Den Mixer nicht säubern.

2 Ingwer und Banane schälen. Ingwer, Banane und Rote Bete grob würfeln. Mit dem übrigen Orangensaft, Himbeeren, Limettensaft, Sirup und etwas Vanille in den Mixer geben und fein pürieren.

3 Den Smoothie in ein Glas füllen, das Mangopüree vorsichtig daraufgießen. Den Smoothie nach Belieben mit einem langen Löffel servieren.

SEELENSCHMEICHLER

Oft sind es die simpelsten Dinge, die uns wieder ins Gleichgewicht bringen. Die einfach guttun, einen trösten, die Sinne stimulieren oder beim Einschlafen helfen. Und sie sind zum Greifen nah! Nur einmal umblättern und sich von eisgekühlter Schokolade, Mangolassi, Honigmilch und vielem mehr verwöhnen lassen.

FLOWER-POWER

Blumen können Wunder vollbringen: Je nach Farbe haben sie eine beruhigende Wirkung, regen an, erfrischen, beflügeln. Und diese Kraft steckt in diesem Drink.

2 Handvoll essbare Blüten oder Blütenblätter (z. B. von Gänseblümchen, Veilchen, Orchideen, Kamille, Stiefmütterchen, Flieder, Rosen)
4 EL Rosensirup (siehe Variante)
100 ml Mineralwasser (klassisch)
100 ml Kombucha (Teegetränk)
Außerdem:
Eiswürfelbehälter
3 essbare Blüten mit langem Stiel

Verzaubert die Stimmung

Für 1 Drink (ca. 250 ml) | 10 Min. Zubereitung | über Nacht Tiefkühlen
Pro Drink ca. 180 kcal, 1 g EW, 1 g F, 43 g KH

1 Blüten oder Blütenblätter nur falls nötig vorsichtig abbrausen und trocken tupfen. Blüten oder Blütenblätter in die Mulden eines Eiswürfelbehälters drücken. 350 ml Wasser mit 2 EL Rosensirup einfärben und süßen, dann den Eiswürfelbehälter damit füllen. Den Behälter über Nacht ins Tiefkühlfach stellen und das Wasser zu Eiswürfeln gefrieren lassen.

2 Am nächsten Tag 4–5 Eiswürfel aus dem Behälter lösen und in ein Glas füllen. Den übrigen Sirup dazugeben, mit Mineralwasser und Kombucha auffüllen.

3 Für die Deko die Blüten mit Stiel falls nötig abbrausen und trocken tupfen, dann ins Glas stecken. Mit Trinkhalmen servieren.

VARIANTE ROSENSIRUP

Natürlich können Sie auch einen anderen Sirup (siehe S. 6) verwenden; mit diesem Rosensirup schmeckt der Flower-Power-Drink aber besonders gut: 200 ml Wasser, 200 g Zucker und den Saft von ½ Zitrone unter Rühren erhitzen, bis sich der Zucker aufgelöst hat. Vom Herd nehmen und 10 g getrocknete Rosenblütenblätter untermischen. Den Ansatz abgedeckt ca. 1 Std. ziehen lassen. Anschließend den Ansatz durch ein Sieb gießen, die Blätter abtropfen lassen, aber nicht ausdrücken. Den Sirup in eine gründlich gereinigte Flasche (ca. 350 ml) füllen, die Flasche verschließen. Hält sich im Kühlschrank mind. 1 Monat.

SCHLAFE SÜSS!

½ Vanilleschote | 300 ml Kirschsaft | ½ EL getrocknete Rosenblütenblätter | 1 kleiner Stängel Zitronenmelisse

Hilft beim Entspannen

Für 1 Drink (ca. 250 ml) | 10 Min. Zubereitung (ohne Abkühlen)
Pro Drink ca. 125 kcal, 0 g EW, 0 g F, 31 g KH

1 Die Vanilleschote mit einem Messer längs aufschlitzen und mit Kirschsaft und Rosenblütenblättern in einen kleinen Topf geben. Alles aufkochen, den Topf vom Herd nehmen und den Saft abgedeckt auskühlen lassen.

2 Dann den Saft durch ein Sieb gießen, dabei auffangen und in ein Glas, eine Tasse oder einen Becher füllen. Die Zitronenmelisse abbrausen und trocken tupfen. Die Blätter mit den Fingern leicht anreiben und den Stängel mit den Blättern nach unten in den Drink stecken.

TIPP

Dieser Drink sollte nicht zu kalt getrunken werden, damit sich seine beruhigende Wirkung voll entfalten kann. Wer mag, kann ihn sogar noch leicht lauwarm genießen.

BEERIGER MANGOLASSI

80 g gemischte Beeren (ersatzweise tiefgekühlte Beeren) | 1 ½ EL Zucker (ersatzweise Honig) | 1 Stück Mango (ca. 250 g) | 1 grüne Kardamomkapsel | Vanille aus der Mühle | 100 g Joghurt | 4 Eiswürfel

Gaumenschmeichler

Für 2 Drinks (à ca. 250 ml) | 15 Min. Zubereitung (ohne Auftauen)
Pro Drink ca. 170 kcal, 3 g EW, 3 g F, 32 g KH

1 Frische Beeren verlesen, falls nötig abbrausen und putzen. Mit ½ EL Zucker und 1 EL Wasser in einen hohen Mixbecher geben und mit einem Pürierstab fein mixen. Bei Bedarf das Püree durch ein Sieb streichen, um eventuelle Kerne zu entfernen.

2 Die Mango schälen und grob würfeln. Die Kardamomkapsel andrücken, schwarze Samen herauslösen und im Mörser fein zerreiben. Beides mit etwas Vanille, Joghurt, restlichem Zucker, 150 ml eiskaltem Wasser und den Eiswürfeln in den Mixer geben und alles auf höchster Stufe fein pürieren.

3 Mangolassi in Gläser füllen, das Beerenpüree langsam in der Mitte dazugießen. Dann mit einer Gabel ein wenig durchrühren (nicht komplett verrühren!), sodass ein Marmormuster entsteht. Dabei mit dem Gabelrücken am Glasrand entlangfahren. Nach Belieben mit Trinkhalmen servieren.

TIPP

Nicht nur zum Trinken ein Gedicht! Den beerigen Lassi in Eisförmchen füllen, im Tiefkühlfach gefrieren lassen und an heißen Tagen vom Stiel schlecken oder im Glas als Best of Popsicle (siehe S. 43) servieren.

CHOCOLATE ON THE ROCKS

Ein Stück Schokolade ist ein Seelentröster, das weiß jeder. Neu ist vielleicht, dass man sich auch Schluck für Schluck von ihr verwöhnen lassen kann. Und das eiskalt.

200 ml Milch
50 g Zartbitterschokolade (70–80 % Kakaoanteil)
2 EL Karamellsauce (siehe Variante)
50 g Sahne
½ Pck. Vanillezucker
3 Eiswürfel
Schokospäne (nach Belieben)

Immer wieder gut

Für 1 Drink (ca. 250 ml) | 15 Min. Zubereitung (ohne Abkühlen)
Pro Drink ca. 705 kcal, 13 g EW, 52 g F, 46 g KH

1 Die Milch in einem kleinen Topf erhitzen. Die Schokolade in Stücke brechen oder grob hacken, in die Milch geben und darin unter Rühren schmelzen lassen. Zum Süßen ½–1 EL Karamellsauce unter die Schokomilch rühren.

2 Den Topf vom Herd nehmen und die Schokomilch abgedeckt im Kühlschrank oder bei Zimmertemperatur auskühlen lassen.

3 Dann die Sahne mit dem Vanillezucker halb steif schlagen. Die Schokomilch mit einem Schneebesen oder Pürierstab kurz aufschäumen und in ein Glas, eine Tasse oder einen Becher füllen, die Eiswürfel dazugeben.

4 Die Sahne auf die Schokomilch häufen. Übrige Karamellsauce in dünnen Linien darüberlaufen lassen. Nach Belieben Schokospäne darüberstreuen.

VARIANTE

KARAMELLSAUCE

Karamellsauce gibt es zwar fertig zu kaufen, selbst gemacht schmeckt sie aber viel besser. Dafür 100 g Zucker und 5–6 EL Wasser in einem Topf unter Rühren erhitzen, bis sich der Zucker gelöst hat. Dann nicht mehr rühren! Den Sirup aufkochen und offen bei mittlerer Hitze ca. 10 Min. kochen lassen, bis er karamellfarben ist. Danach mit einem Schneebesen rasch und kräftig 2 EL Butter in Flöckchen unterschlagen und anschließend sofort 100 g Sahne, bis eine glatte Sauce entstanden ist. Die Sauce beiseitestellen, ½ TL Fleur de Sel unterrühren. Eine kleine Flasche (ca. 200 ml) damit füllen, verschließen und die Sauce abkühlen lassen. Sie reicht für 4–6 Portionen Chocolate on the Rocks und hält sich an einem kühlen Ort mind. 1 Monat.

ICED COFFEE KICK

500 ml eiskalter, starker Kaffee | 150 ml Milch | 50 g Sahne | 50 g Zucker | 1 TL Speisestärke

Macht munter

Für 2 Drinks (à ca. 300 ml) | 20 Min. Zubereitung (ohne Abkühlen) | über Nacht Tiefkühlen
Pro Drink ca. 245 kcal, 4 g EW, 11 g F, 33 g KH

1 Einen Eiswürfelbehälter mit 200 ml Kaffee befüllen (es sollten ca. 12 Würfel werden), in das Tiefkühlfach stellen und den Kaffee über Nacht komplett gefrieren lassen.

2 Von der Milch 2–3 EL abnehmen und beiseitestellen. Übrige Milch, Sahne und Zucker in einen Topf geben und unter Rühren bei mittlerer Hitze 4–5 Min. kochen lassen. Die beiseitegestellte Milch mit Stärke glatt verrühren, dann unter die kochende Milch rühren und diese ca. 1 Min. kochen lassen. Den Topf vom Herd nehmen und die Milch abgedeckt auskühlen lassen.

3 Die Kaffee-Eiswürfel aus dem Behälter lösen und auf Gläser verteilen. Zuerst jeweils die Hälfte des restlichen Kaffees, dann langsam die abgekühlte Milch dazugießen, sodass ein »Marmormuster« entsteht. Den Eiskaffee sofort servieren.

HONIG-CASHEW-MILCH

1 Mini-Banane | 250 ml Milch | 50 g Cashewmus | 1 EL cremiger heller Honig | 1 Schoko-Waffelröllchen für Eisbecher (ersatzweise 3 Mikado-Sticks mit weißer Schokolade)

Versüßt das Leben

Für 1 Drink (ca. 350 ml) | 5 Min. Zubereitung
Pro Drink ca. 665 kcal, 21 g EW, 33 g F, 70 g KH

1 Die Banane schälen und in grobe Stücke schneiden. Die Bananenstücke mit Milch, Cashewmus und Honig in den Mixer geben und alles auf höchster Stufe fein pürieren.

2 Die Milch in ein Glas oder einen Becher füllen. Für die Deko das Schoko-Waffelröllchen in das Glas oder in den Becher stecken oder über den Glasrand legen.

TIPP

Statt Cashewmus schmecken auch Mandel- oder Erdnussmus sehr fein.

ORANGEN-DATTEL-SHAKE

1 Birne | 2 Soft-Datteln (ohne Stein) | 3 Orangen (davon 1 Bio-Orange) | 2 Prisen frisch geriebene Muskatnuss | 1 TL Orangen-Ingwer-Sirup (siehe S. 6, nach Belieben)

Frisch und fruchtig

Für 1 Drink (ca. 350 ml) | 10 Min. Zubereitung
Pro Drink ca. 175 kcal, 2 g EW, 0 g F, 38 g KH

1 Die Birne schälen, vierteln, entkernen und in grobe Stücke schneiden. Die Datteln grob würfeln. Den Saft von 2 Orangen auspressen.

2 Birne mit Datteln, Orangensaft, Muskat und eventuell dem Sirup in den Mixer geben und alles auf höchster Stufe fein pürieren. Den Shake in ein Glas oder einen Becher füllen.

3 Die Bio-Orange heiß waschen und abtrocknen. Mit einem Schäler oder Messer einen dünnen, langen Streifen Schale abschneiden. Diesen locker zu einem Knoten binden und an den Glas- oder den Becherrand hängen oder auf den Shake legen.

HEIDELBEER-FLIP

50 g + 1 kleine Handvoll frische Heidelbeeren (ersatzweise tiefgekühlte Heidelbeeren) | 100 g Buttermilch | 80 ml Milch | 1 EL Ahornsirup | 1 langer Holzspieß

Beerenstark

Für 1 Drink (ca. 250 ml) | 10 Min. Zubereitung (ohne Auftauen)
Pro Drink ca. 150 kcal, 6 g EW, 4 g F, 21 g KH

1 Die frischen Heidelbeeren verlesen, abbrausen und trocken tupfen. 1 kleine Handvoll Beeren für die Deko auf einen langen Holzspieß stecken und diesen beiseitelegen.

2 Die übrigen Heidelbeeren, Buttermilch, Milch und den Ahornsirup in den Mixer geben und alles auf höchster Stufe fein pürieren. Den Flip in ein Glas oder einen Becher füllen und den Spieß mit den Heidelbeeren hineinstecken.

WILDER KRÄUTER-COBBLER

3 große Handvoll (Wild-)Kräuter (z. B. Portulak, Pimpinelle, Zitronenmelisse, Basilikum, Kerbel, junge Brennnessel, Schnittlauch) | 200 g Joghurt | 100 ml Sauerkrautsaft | 2 Prisen Salz | einige Spritzer Tabasco (nach Belieben) | 1 TL geschroteter Leinsamen | 3 lange Halme Schnittlauch (mit Blüte)

Echte Kräuterpower

Für 1 Drink (ca. 300 ml) | 10 Min. Zubereitung
Pro Drink ca. 185 kcal, 14 g EW, 8 g F, 12 g KH

1 Die Kräuter abbrausen und trocken schütteln, die Blätter von den Stängeln zupfen und grob zerkleinern. Mit Joghurt, Sauerkrautsaft, Salz und eventuell Tabasco in den Mixer geben und alles auf höchster Stufe fein pürieren. Den Cobbler in ein Glas oder einen Becher füllen und mit dem Leinsamenschrot bestreuen.

2 Für die Deko die Schnittlauchhalme um das Glas wickeln und locker festbinden. Den Kräuter-Cobbler sofort servieren.

PARTYKNÜLLER

Ob fürs Sommerpicknick oder das Menü zu zweit, den Wochenendbrunch mit Freunden, die abendliche Familien-Grillfete oder auch nur für sich selbst – mit Cocktail-Klassikern oder neuen Kreationen, Punsch, Eistee oder Limonade lässt es sich zu jedem Anlass feiern!

AGUA FRESCA

Sommer! Das Angebot an hocharomatischen Früchten ist vielfältig und bunt wie in sonst keiner Jahreszeit. Perfekt für diesen Durstlöscher der Extraklasse!

1 Stück Ananas (ca. 200 g)
150 g Aprikosen
100 g Erdbeeren
½ Limette
50 g weißer Rohrzucker
5 Eiswürfel
600 ml eiskaltes Mineralwasser (still oder medium)

Nachschub, bitte!

Für 4 Drinks (à ca. 250 ml) | 10 Min. Zubereitung
Pro Drink ca. 100 kcal, 1 g EW, 0 g F, 22 g KH

1 Die Ananas schälen und den harten Strunk in der Mitte herausschneiden. Die Ananas in grobe Würfel schneiden. Die Aprikosen waschen, vierteln und dabei entsteinen. Die Erdbeeren waschen und putzen. Den Saft der Limette auspressen.

2 Die Ananas, Aprikosen und Erdbeeren mit Limettensaft, Zucker, Eiswürfeln und Mineralwasser in den Mixer geben und alles auf höchster Stufe fein pürieren.

3 Vor dem Umfüllen die Konsistenz prüfen – Agua fresca sollte fruchtig, erfrischend und keinesfalls dickflüssig sein. Bei Bedarf noch etwas mehr Mineralwasser untermixen.

4 Agua fresca in eine große Karaffe, in Gläser oder auch zum Mitnehmen in saubere kleine Flaschen füllen. Für eine perfekte Erfrischung den Drink möglichst eisgekühlt genießen.

TIPP **Wie Flavored Water (siehe S. 17) lässt sich dieses Getränk hervorragend in Farbe und Aroma variieren. Sehr fein schmeckt Agua fresca auch mit Cantaloupe-Melone, Mango, Pfirsich oder Salatgurke. Die Früchte einfach zusammen mit den Basiszutaten – Wasser, Eiswürfeln, Limettensaft und Zucker – fein mixen. Wer möchte, gibt außerdem noch ein paar Kräuterblättchen (z. B. Minze, Zitronenmelisse, Basilikum) oder etwas frischen Ingwer mit dazu.**

MELON-BALL-PUNCH

Wenn die Sonne vom Himmel brennt und die Luft vor Hitze flirrt, was gibt es da Besseres als eine erfrischende, leicht spritzige Bowle, die vor Melonenaroma strotzt?

1 kleine Cantaloupe-Melone (ca. 800 g, ersatzweise Charentais-Melone)
1 kleine Honigmelone (ca. 800 g, ersatzweise Galia-Melone)
1 Stück Wassermelone (ca. 800 g, kernarm)
900 ml Wasser mit Zitronen-Limetten-Geschmack
600 ml weißer Traubensaft
300 ml Zitronenlimonade
2 Bio-Limetten
20 Blätter Zitronenmelisse (ersatzweise Minze- oder Kaffir-Limettenblätter)

Außerdem:
Kugelausstecher

Sommer im Glas

Für 12 Drinks (à ca. 250 ml) | 30 Min. Zubereitung | 2 Std. Tiefkühlen
Pro Drink ca. 110 kcal, 1 g EW, 0 g F, 26 g KH

1 Die Melonen (bis auf die Wassermelone) halbieren und die Kerne mit einem Löffel herausschaben (Bild 1). Aus der Wassermelone eventuelle Kerne mit einem spitzen Messer herauslösen.

2 Mit dem Kugelausstecher aus dem Melonenfruchtfleisch Kugeln ausstechen (Bild 2) und auf einer flachen Platte verteilen. Die Melonenkugeln in das Tiefkühlfach stellen und ca. 1 Std. gefrieren lassen.

3 Das Wasser mit Zitronen-Limetten-Geschmack, Traubensaft und Zitronenlimonade in ein großes Bowlengefäß geben und ca. 1 Std. in den Kühlschrank stellen.

4 Dann die Limetten heiß waschen, abtrocknen und in dünne Scheiben schneiden. Kräuterblätter abbrausen und trocken tupfen. Beides mit der Hälfte der eiskalten Melonenkugeln in die Bowlenflüssigkeit geben. Das Gefäß wieder in den Kühlschrank stellen und die Bowle in ca. 1 Std. Aroma annehmen lassen.

5 Übrige tiefgekühlte Melonenkugeln wie Eiswürfel in die Bowle geben (Bild 3). Die Bowle zum Servieren in Gläser verteilen. Dabei jeweils einen kleinen Löffel, eine Gabel oder einen kleinen Spieß mit ins Glas stecken, sodass jeder die Melonenkugeln ganz leicht »herausfischen« kann.

TIPP **Übriges Melonenfleisch aus der Schale kratzen, pürieren, eventuell nach Geschmack süßen und dann zu Popsicles (siehe S. 43) oder Eiswürfeln einfrieren.**

1

2

3

READY-TO-GO-EISTEE

4 Teebeutel schwarzer Tee (z. B. Earl Grey) | 1,2 l Mineralwasser (still) | ca. 4 EL Teesirup (siehe S. 6) | 1 Pfirsich | 4 kleine Zweige Rosmarin

Lieblingserfrischung für unterwegs

Für 4 Drinks (à ca. 350 ml) | 10 Min. Zubereitung | 10 Std. Ziehen
Pro Drink ca. 50 kcal, 0 g EW, 0 g F, 12 g KH

1 Von den Teebeuteln Schnüre und Etiketten abschneiden. Die Beutel in vier Gläser oder Flaschen (mit weitem Hals) geben. Das Mineralwasser auf die Gläser oder Flaschen verteilen, die Gläser abdecken oder die Flaschen verschließen.

2 Gläser oder Flaschen in den Kühlschrank stellen und den Tee 7–8 Std. ziehen lassen. Danach die Teebeutel entfernen und gut ausdrücken. Den Tee jeweils mit ca. 1 EL Teesirup süßen.

3 Den Pfirsich waschen, vierteln und dabei entsteinen. Die Viertel in dünne Spalten schneiden. Den Rosmarin abbrausen und trocken tupfen. Die Pfirsichspalten und Rosmarinzweige in die Gläser oder Flaschen geben.

4 Die Gläser sofort abdecken oder die Flaschen gut verschließen. Den Tee wieder in den Kühlschrank stellen, mind. 2 Std. ziehen und Aroma annehmen lassen, bis der Eistee getrunken wird.

TIPP

Nicht nur mit schwarzen Teeblättern ist kalt gezogener Tee (diese »Brühmethode« macht ihn weniger bitter und klarer als beim herkömmlichen Aufgießen mit heißem Wasser) ein echter Sommerhit. Probieren Sie ihn unbedingt auch einmal mit Rooibos, grünem Tee oder Oolong. Und statt Pfirsich und Rosmarin gibt es noch etliche weitere hervorragende Aromaspender: Orange-Limette-Minze, Heidelbeeren-Aprikose, Ananas-Himbeere-Zitronenmelisse ...

ESPRESSO FRAPPÉ

1 Portionstütchen Instant-Espressopulver (ca. 2 g) | 2 TL Rohrzucker | 5 Eiswürfel | 150 ml fettarme Milch

Kaffee für heiße Tage

Für 1 Drink (ca. 200 ml) | 5 Min. Zubereitung
Pro Drink ca. 115 kcal, 5 g EW, 2 g F, 17 g KH

1 Das Espressopulver, den Rohrzucker und die Eiswürfel in den Mixer geben und alles auf höchster Stufe so lange pürieren, bis die Eiswürfel möglichst fein zerkleinert sind.

2 Die Milch dazugießen und alles nur noch ganz kurz durchmixen. Den Frappé in ein Glas oder einen Becher füllen und nach Belieben mit einem Trinkhalm sofort servieren. Dazu passen Amarettini, Cantuccini oder Oreo-Kekse.

TIPP

Etwas gehaltvoller wird der Frappé, wenn Sie noch 1–2 Kugeln Schokoladen-, Walnuss- oder Vanilleeis mit ins Glas geben. Dann mit einem langen Löffel servieren.

ICED MATCHA-LATTE

1 TL Matcha-Pulver | 2 TL Zucker | Vanille aus der Mühle | 50 ml Kokoswasser | 3 Eiswürfel | 100 ml fettarme Milch

Trendsetter in Grün

Für 1 Drink (ca. 200 ml) | 10 Min. Zubereitung
Pro Drink ca. 100 kcal, 5 g EW, 2 g F, 17 g KH

1 Das Matcha-Pulver, den Zucker, etwas Vanille, das Kokoswasser und die Eiswürfel in den Mixer geben. Alles auf höchster Stufe so lange pürieren, bis die Eiswürfel möglichst fein zerkleinert sind.

2 Die Milch mit einem Milchaufschäumer, Pürierstab oder Schneebesen aufschäumen und in ein Glas oder einen Becher geben.

3 Das Matcha-Kokoswasser vorsichtig in die Milch gießen, sodass schöne Schichten in Grün und Weiß entstehen.

TIPP

Soll es schnell gehen, einfach alle Zutaten zusammen in den Mixer geben.

PURPLE LADY LEMONADE

250 g Zucker | 3 große Zitronen | 1,5 l eiskaltes Mineralwasser (still, medium oder klassisch) | 1 Tropfen Lavendelöl (100 % naturrein, als Lebensmittelaroma freigegeben) | 2 Tropfen lila Lebensmittelfarbe

Die Provence lässt grüßen

Für 10 Drinks (à ca. 200 ml) | 15 Min. Zubereitung (ohne Abkühlen)
Pro Drink ca. 105 kcal, 0 g EW, 0 g F, 25 g KH

1 In einem großen Topf 200 ml Wasser erhitzen. Den Zucker unterrühren, bis er sich aufgelöst hat. Den Zuckersirup bei mittlerer Hitze 1–2 Min. kochen lassen. Den Sirup vom Herd nehmen und abkühlen, anschließend im Kühlschrank eiskalt werden lassen.

2 Den Saft der Zitronen auspressen, es sollten 150 ml Saft sein. Mit Mineralwasser zum Sirup gießen. Die Limonade mit Lavendelöl aromatisieren und die Lebensmittelfarbe unterrühren. In Karaffen, Glaskrug oder Flaschen gefüllt servieren.

TIPP

Nicht nur die besondere Farbe macht diese Limonade zum Hingucker. Stecken Sie noch frische Lavendelzweige mit Blüten in die Gefäße. Dekorieren Sie die Gläser mit Zitronenscheiben. Fast ein Muss: Eiswürfel mit ins Glas geben.

WASSERMELONEN-COOLER

150 g weißer Rohrzucker | 1 Stück Wassermelone (ca. 500 g, kernarm, ersatzweise 350 g Erdbeeren) | 2 EL Limettensaft | 6 EL alkoholfreies Bittergetränk (nach Belieben, z. B. Crodino) | 350 ml eiskalter alkoholfreier Sekt (ersatzweise alkoholfreier Prosecco)

Es darf gelöffelt werden

Für 6 Drinks (à ca. 200 ml) | 20 Min. Zubereitung (ohne Abkühlen) | 8 Std. Tiefkühlen
Pro Drink ca. 145 kcal, 0 g EW, 0 g F, 35 g KH

1 In einem Topf 125 ml Wasser und den Zucker unter Rühren erhitzen, bis sich der Zucker aufgelöst hat. Den Topf vom Herd nehmen und den Zuckersirup auskühlen lassen.

2 Die Melone schälen, entkernen und grob würfeln (es sollten 300 g Fruchtfleisch sein). Mit Limettensaft und Zuckersirup in den Mixer geben und alles auf höchster Stufe fein pürieren. Das Melonenpüree in eine flache Plastikdose geben und für 6–8 Std. ins Tiefkühlfach stellen, bis es zu Sorbet gefroren ist. Dabei ab und zu mit der Gabel kräftig durchrühren.

3 Je 2 Kugeln Melonensorbet in ein Glas geben und nach Belieben mit dem Bittergetränk beträufeln. Mit dem Sekt aufgießen. Den Cooler sofort mit kleinen Löffeln und Trinkhalmen servieren.

TIPP

Wer möchte, gibt zusätzlich noch ein paar Himbeeren in jedes Glas und garniert das Sorbet mit Minze- oder Melissenblättchen.

BEST OF POPSICLE

100 g Himbeeren | 3 EL Zucker (ersatzweise Sirup nach Wahl, siehe S. 6) | 120 g Aprikosen | 100 g Ananasfruchtfleisch | 1 Bio-Limette | 600 ml eiskalter Russian Wild Berry (Erfrischungsgetränk, ersatzweise Kombucha) | 6 Mini-Eisformen (aus Silikon, à ca. 40 ml) | 6 Holzstiele

Eisiger Hingucker

Für 6 Drinks (à ca. 100 ml) | 20 Min. Zubereitung | über Nacht Tiefkühlen
Pro Drink ca. 90 kcal, 0 g EW, 0 g F, 20 g KH

1 Die Himbeeren falls nötig abbrausen und trocken tupfen, mit einem Pürierstab fein pürieren und mit 1 EL Zucker süßen. Das Püree eventuell durch ein Sieb streichen, um die Kernchen zu entfernen. Aprikosen waschen, halbieren und entsteinen. Aprikosen und Ananasfruchtfleisch ebenfalls jeweils pürieren und mit übrigem Zucker süßen.

2 Die Pürees gleichmäßig in die Eisformen füllen und die Holzstiele hineinstecken. Das Püree ins Tiefkühlfach stellen und über Nacht gefrieren lassen. Dann die Popsicles aus den Formen lösen. Die Limette heiß waschen, abtrocknen und in 6 dünne Scheiben schneiden.

3 Die Popsicles in Gläser stellen, die Limettenscheiben dazugeben und mit Russian Wild Berry aufgießen. Die Popsicles sofort servieren.

TIPP

Eis am Stiel lässt keine Wünsche offen! Statt der genannten Fruchtsorten schmecken auch Pfirsiche, Sauerkirschen, Mango, Erdbeeren, Heidelbeeren, Brombeeren, Mandarinen, Weintrauben, Granatapfel und viele andere Obstsorten. Einfach mal ausprobieren.

SWEET DREAM

Luftig, zart und leicht warten samtige »Zuckerwatteballons« im Glas auf ihren großen Auftritt: Sobald das erste Nass ins Glas läuft, verschwinden sie wieder.

ca. 2 EL Zucker
ein paar Tropfen Lebensmittelfarbe (nach Belieben)
ein paar Tropfen Lebensmittelaroma (nach Belieben)
600 ml eiskaltes Mineralwasser mit Limettenaroma (z. B. Perrier »Lime«, ersatzweise alkoholfreier Sekt)
Außerdem:
Zuckerwattemaschine
6 lange Holzstiele

Ein Hauch von Nichts

Für 6 Drinks (à ca. 100 ml) | 30 Min. Zubereitung
Pro Drink ca. 20 kcal, 0 g EW, 0 g F, 5 g KH

1 Nach Belieben den Zucker mit ein paar Tropfen Lebensmittelfarbe und -aroma einfärben und aromatisieren. Die Zuckerwattemaschine einschalten und erhitzen. Die Maschine ausschalten. In die Mitte der Öffnung 1 EL Zucker geben (Bild 1), die Maschine wieder einschalten (Bedienungsanleitung beachten!).

2 Nach kurzer Wartezeit beginnt der Zucker zu schmelzen und es entstehen watteartige weiße Zuckerfäden. Jetzt nacheinander die Holzstiele in die Wanne der Maschine halten, damit am Rand entlangfahren und zugleich die Stäbchen drehen, um die Zuckerfäden aufzuwickeln. Dabei darauf achten, dass möglichst an einem Stielende ein kleiner »Zuckerwatteballon« entsteht (Bild 2), der ins Glas passt. Bei Bedarf Zucker nachfüllen.

3 Die »Zuckerwatteballons« vorsichtig von den Stielen lösen, eventuell mit der Schere abschneiden oder mit den Fingern abzupfen (Bild 3) und auf Gläser (sehr schön sehen Champagnerschalen aus) verteilen.

4 Die Gläser mit der Zuckerwatte servieren. Mineralwasser mit Limettenaroma erst aufgießen, wenn der Sweet Dream getrunken werden soll, da sich die Zuckerwatte sofort auflöst.

TIPP **Zuckerwatte gibt es auch fertig in verschiedenen Geschmacksrichtungen im gut sortierten Supermarkt und im Internet zu kaufen. Für 6 Gläser werden 40–50 g benötigt.**

1

2

3

IPANEMA VIRGIN

1 Bio-Limette | 2 TL Rohrzucker | 12 Eiswürfel | 1 EL Basilikum-Limetten-Sirup (siehe S. 6) | 80 ml eiskaltes Tonic Water

Fast wie das Original

Für 1 Drink (ca. 300 ml) | 10 Min. Zubereitung
Pro Drink ca. 135 kcal, 0 g EW, 1 g F, 28 g KH

1 Die Limette heiß waschen, abtrocknen und in Viertel schneiden, die Viertel quer halbieren. Mit dem Rohrzucker in ein Glas geben. Die Limettenstücke mit einem Stößel anquetschen und dabei den Saft herauspressen.

2 Eiswürfel im Mixer crushen und die Hälfte in das Glas geben. Den Sirup dazugießen und umrühren.

3 Das übrige Crushed Ice in das Glas füllen und das Glas mit dem Tonic Water auffüllen. Eventuell mit einem dicken Trinkhalm im Glas servieren.

VIRGIN ALLA INGE

2 kleine Stängel Minze | 1 Stück Ingwer (ca. 1½ cm) | 1 EL Orangen-Ingwer-Sirup (siehe S. 6) | 4 Eiswürfel | 200 ml eiskaltes Gingerale

Hugos Freundin

Für 1 Drink (ca. 300 ml) | 5 Min. Zubereitung
Pro Drink ca. 130 kcal, 1 g EW, 0 g F, 31 g KH

1 Die Minze abbrausen und trocken schütteln, die Blättchen mit den Fingern leicht andrücken oder anreiben, damit sich das Aroma entfalten kann. Die Stängel in ein Glas stecken.

2 Den Ingwer schälen, in dünne Scheiben schneiden und ins Glas geben. Den Sirup darübergießen und die Eiswürfel hinzufügen.

3 Das Glas mit dem Gingerale auffüllen. Alles kurz umrühren, damit sich der Sirup gleichmäßig im Glas verteilt. Den Drink sofort servieren.

STRAWBERRY MARGARITA

1 EL Zucker | 2 Blätter Zitronenmelisse (ersatzweise Basilikum) | 1 dicke Spalte von 1 Bio-Limette | 100 g TK-Erdbeeren | 60 ml Tonic Water | 2 EL Limettensaft | 60 ml Orangensaft (ersatzweise Birnensaft)

Echt beerig!

Für 1 Drink (ca. 250 ml) | 10 Min. Zubereitung
Pro Drink ca. 115 kcal, 2 g EW, 1 g F, 21 g KH

1 Für die Deko Zucker und Kräuterblätter in einem Mörser fein zerreiben und auf einen kleinen Teller geben. Den Glasrand mit der Limettenspalte anfeuchten, dann den Glasrand in den Zucker drücken. Die Limettenspalte an den Rand stecken.

2 Gefrorene Erdbeeren, Tonic Water, Limettensaft und Orangensaft im Mixer auf höchster Stufe fein pürieren. In das Glas füllen und sofort servieren.

TIPP

Wer statt der gefrorenen lieber frische Erdbeeren nehmen möchte, mixt 2–3 Eiswürfel mit.

NON BOOZY SPRITZ ROSE

½ kleine Bio-Limette | 4 ungespritzte Rosenblütenblätter | 4 EL Rosensirup (siehe S. 22) | 3 Eiswürfel | 2 Spritzer eiskaltes Soda (ersatzweise klassisches Mineralwasser) | 80 ml eiskalter alkoholfreier Sekt (ersatzweise alkoholfreier Prosecco)

Blumig-elegant

Für 1 Drink (ca. 200 ml) | 5 Min. Zubereitung
Pro Drink ca. 185 kcal, 0 g EW, 1 g F, 43 g KH

1 Die Limette heiß waschen, abtrocknen und 2 dünne Scheiben abschneiden. Etwas Limettensaft in ein Glas spritzen, dafür das Endstück der Limette leicht zusammendrücken. Die Limettenscheiben dazugeben.

2 Die Rosenblütenblätter nur falls nötig vorsichtig abbrausen und trocken tupfen. Die Blätter ins Glas geben, den Sirup und die Eiswürfel hinzufügen.

3 Zuerst das eiskalte Soda ins Glas gießen, dann das Glas mit dem Sekt auffüllen.

WÄRMEQUELLEN

Welcher frostige Wintertag ist nicht perfekt geeignet, um etwas Heißes zu trinken? Top-Favoriten, um die Kälte aus dem Körper zu vertreiben, sind eine üppige heiße Schokolade und würzige Tee-Kompositionen. Aber auch ein Punsch wärmt von innen. Welche Wärmequelle wird wohl Ihr Liebling werden?

CRANBERRYPUNSCH

Dieser Punsch wärmt nicht nur von innen, er stärkt zudem unser Immunsystem und bringt uns so bestens durch die kalte Jahreszeit. Darauf stoßen wir an!

500 ml Cranberrysaft
500 ml naturtrüber Birnensaft
2 dünne Scheiben Ingwer
1 Stange Zitronengras
1 Zimtstange
1 Sternanis
5 Nelken
5 Pimentkörner
100 g Zucker
250 g frische Cranberrys
Vanille aus der Mühle

Tiefrote Vitamine

Für 5 Drinks (à ca. 250 ml) | 25 Min. Zubereitung | 2 Std. Ziehen
Pro Drink ca. 160 kcal, 0 g EW, 0 g F, 37 g KH

1 Cranberry- und Birnensaft in einen Topf geben. Ingwer schälen. Zitronengras waschen und den dicken Teil kräftig andrücken. Beides mit den Gewürzen in einem Topf aufkochen. Den Saft vom Herd nehmen und abgedeckt mind. 2 Std. ziehen lassen.

2 Zucker mit 200 ml Wasser in einem Topf unter Rühren erhitzen und auflösen. Cranberrys verlesen, waschen und in den Zuckersirup geben. Mit etwas Vanille würzen. Alles erhitzen, bis die Beeren aufplatzen. Vom Herd nehmen und die Cranberrys abgedeckt mind. 2 Std. ziehen lassen.

3 Dann den Saft durch ein Sieb gießen, um die Gewürze zu entfernen, und zurück in den Topf geben. Die Cranberrys abgießen, dabei den Sirup auffangen. Cranberrys zum Saft geben.

4 Den Punsch zum Servieren erhitzen, nach Wunsch mit etwas aufgefangenem Sirup süßen und auf Tassen, Becher oder Gläser verteilen. Mit kleinen Löffeln oder Zitronengrasstangen servieren.

VARIANTE

BIRNENPUNSCH

Für 1 l Punsch 1 festfleischige Birne schälen, entkernen und würfeln. 1 Bio-Zitrone heiß waschen, 2 Stück Schale abschneiden, den Saft auspressen. Alles mit 300 ml Wasser, 1 kleinen Zimtstange, 1 Pck. Bourbon-Vanillezucker und etwas frisch geriebener Muskatnuss aufkochen und bei mittlerer Hitze ca. 10 Min. kochen lassen. Vom Herd nehmen, ca. 30 Min. ziehen lassen. 600 ml naturtrüben Birnensaft und 100 ml weißen Trauben- oder Apfelsaft dazugießen. Den Punsch zum Servieren erhitzen und auf Becher verteilen.

BRATAPFELPUNSCH

Klirrende Kälte, dichtes Schneegestöber, ein langer Winterspaziergang – dann ist es Zeit für einen herrlichen heißen Punsch, der es in der Küche nur so duften lässt.

1 l naturtrüber Apfelsaft
2 EL Rosinen
2 säuerliche Äpfel (à ca. 200 g, z. B. Boskop)
6 EL Teesirup (siehe S. 6)
3 Teebeutel schwarzer Tee (z. B. Earl Grey)
30 g gebrannte Mandeln
300 g Sahne
2 Pck. Vanillezucker

Mit Liebe gemacht

Für 8 Drinks (à ca. 300 ml) | 30 Min. Zubereitung | 1 Std. Quellen | 40 Min. Braten
Pro Drink ca. 265 kcal, 2 g EW, 13 g F, 35 g KH

1 In einem kleinen Topf 100 ml Apfelsaft erhitzen, vom Herd nehmen. Die Rosinen dazugeben und abgedeckt ca. 1 Std. ziehen und quellen lassen.

2 Dann den Backofen auf 200° vorheizen. Die Äpfel schälen und das Kerngehäuse mit einem Ausstecher großzügig entfernen (Bild 1). Die Äpfel in eine flache Form setzen und mit den Rosinen füllen, die übrige Einweichflüssigkeit angießen. Die Äpfel rundherum mit 2 EL Teesirup einpinseln (Bild 2). Die Äpfel im Backofen (Mitte) in ca. 40 Min. nicht zu weich braten.

3 Anschließend in einem Topf 1 l Wasser aufkochen, vom Herd nehmen. Die Teebeutel darin ca. 5 Min. ziehen lassen, danach herausnehmen und den übrigen Apfelsaft zum Tee gießen. Den Punsch erhitzen und mit restlichem Teesirup süßen.

4 Die Bratäpfel in grobe Stücke schneiden (Bild 3), mit den Rosinen zum Punsch geben und kurz ziehen lassen. Inzwischen die gebrannten Mandeln fein hacken oder mörsern. Die Sahne mit dem Vanillezucker steif schlagen.

5 Die Bratapfelstücke und die Rosinen aus dem Punsch löffeln und auf Becher oder Gläser verteilen, mit dem Punsch aufgießen. Die Sahne daraufgeben und mit Mandeln bestreuen. Den Bratapfelpunsch mit Löffeln servieren.

TIPP Gebrannte Mandeln gibt es in der kalten Jahreszeit an vielen Ständen zu kaufen. Alternativ fein gehackte Mandeln in der Pfanne anrösten, mit etwas Puderzucker und Zimtpulver bestäuben und karamellisieren lassen.

1

2

3

DREAM A LITTLE DREAM

250 ml fettarme Milch | 2 EL Schokoaufstrich (z. B. Nutella) | 2 TL Erdnussbutter (ohne Stückchen) | ½ TL geröstete gesalzene Erdnüsse | 3 EL Mini-Marshmallows

Flüssiger Schokoriegel

Für 1 Drink (ca. 300 ml) | 10 Min. Zubereitung
Pro Drink ca. 580 kcal, 18 g EW, 29 g F, 62 g KH

1 Die Milch in einem kleinen Topf erhitzen. Den Schokoaufstrich und die Erdnussbutter dazugeben und unterrühren, bis beides geschmolzen ist. Inzwischen die Erdnüsse grob hacken.

2 Den Topf vom Herd nehmen. Die heiße Schokoladenmilch mit einem Pürierstab schaumig aufmixen und in einen Becher oder ein Glas füllen.

3 Die Marshmallows auf die heiße Schokolade geben und die Erdnüsse darüberstreuen. Das Getränk am besten mit einem dicken Trinkhalm oder einem Löffel servieren.

TIPP

Unbedingt mal probieren: 1 Kugel Vanilleeis mit ins Glas geben. Und ganz zum Schluss noch etwas geschmolzene Schokolade über die Marshmallows laufen lassen.

WOLKE 7

250 ml fettarme Milch | 30 g weiße Schokolade | Vanille aus der Mühle | 4 rot-weiß gestreifte Pfefferminzkissen (Bonbons, möglichst ohne Schokoladenfüllung) | 50 g Sahne

Einfach zum Niederknien

Für 1 Drink (ca. 300 ml) | 10 Min. Zubereitung
Pro Drink ca. 475 kcal, 11 g EW, 28 g F, 43 g KH

1 Die Milch in einem kleinen Topf erhitzen. Die Schokolade in kleine Stücke brechen, dazugeben und unterrühren, bis sie geschmolzen ist. Die Schokomilch mit etwas Vanille aromatisieren.

2 Inzwischen 3 Pfefferminzkissen im Mörser fein zermahlen und das übrige Kissen krümelig zerstoßen. Die Sahne halb steif schlagen und die gemahlenen Pfefferminzkissen unterheben.

3 Die heiße weiße Schokolade mit einem Pürierstab schaumig aufmixen und in einen Becher oder ein Glas füllen. Die geschlagene Sahne auf die Schokolade geben und die Pfefferminzkissenkrümel darüberstreuen.

TIPP

Für Gäste: Die Schokolade schmelzen lassen, in Förmchen (z. B. von Fruchtzwergen) füllen und fest werden lassen. Währenddessen einen Holzlöffel hineinstecken. Dann die Schokolade aus den Förmchen lösen und in das Glas stellen, die heiße Vanillemilch dazugießen. Die Minzesahne und -krümel daraufgeben.

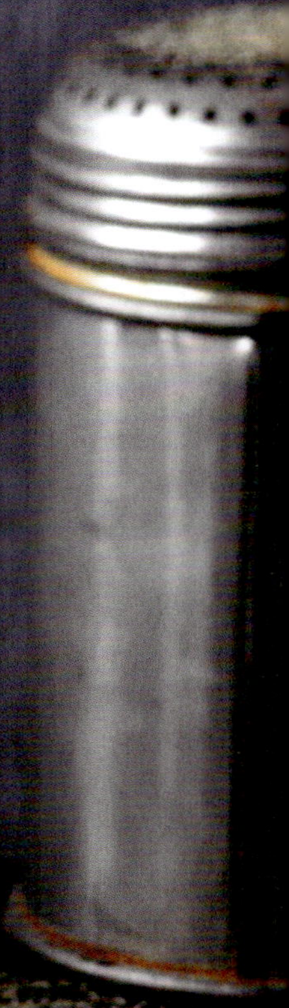

LATTE NOUGATO

150 ml fettarme Milch | 1 EL Nussnugat | 80 ml heißer Espresso | 1 geh. TL Zucker | Kakaopulver (nach Belieben)

Klassiker neu kombiniert

Für 1 Drink (ca. 250 ml) | 10 Min. Zubereitung
Pro Drink ca. 295 kcal, 9 g EW, 11 g F, 40 g KH

1 Die Milch in einem kleinen Topf erhitzen. Das Nugat dazugeben und unterrühren, bis es geschmolzen ist. Den Espresso nach Geschmack mit dem Zucker süßen.

2 Die Milch mit einem Pürierstab schaumig aufmixen und in ein Glas füllen. Den Espresso über den Rücken eines Löffels langsam am Rand des Glases in die Milch einlaufen lassen, sodass sich zwei Schichten ergeben. Latte Nougato nach Belieben mit Kakaopulver bestäuben.

TIPP

Noch dekorativer sieht der Latte Nougato aus, wenn das Glas vor dem Befüllen einen Nussrand erhält. Dafür den Glasrand mit etwas geschmolzenem Nugat (oder auch Zartbitterschokolade) einpinseln und mit fein gehackten gerösteten Haselnüssen bestreuen. Das Nugat trocknen lassen.

ZITRONEN-INGWER-TEE

1 Bio-Zitrone | 1 Stück Ingwer (ca. 4 cm) | 1 Stück Kurkuma (ca. 3 cm, ersatzweise 1 Msp. Kurkumapulver) | 1 EL Honig (ersatzweise Sirup nach Wahl, siehe S. 6)

Fitmacher an kalten Tagen

Für 2 Drinks (à ca. 250 ml) | 15 Min. Zubereitung | 10 Min. Ziehen
Pro Drink ca. 80 kcal, 1 g EW, 1 g F, 16 g KH

1 Zitrone heiß waschen, abtrocknen und halbieren. Eine Hälfte in Spalten schneiden, die Spalten über einem Topf auspressen und dazugeben. Saft der anderen Hälfte auspressen und hinzufügen.

2 Ingwer und Kurkuma waschen oder schälen und in Scheiben schneiden. Mit 500 ml Wasser ebenfalls in den Topf geben. Aufkochen und bei kleiner Hitze ca. 5 Min. köcheln lassen. Vom Herd nehmen und den Tee abgedeckt ca. 10 Min. ziehen lassen.

3 Den Tee mit Honig süßen und samt Zitronenspalten, Ingwer und Kurkuma in Tassen, Becher oder Gläser füllen.

GEWÜRZ-ORANGEN-TEE

½ Bio-Orange | 2 grüne Kardamomkapseln | 1 Sternanis | 1 TL Kreuzkümmelsamen | 1 TL Fenchelsamen | 1 TL Korianderkörner | 1 TL grüne Teeblätter | 1 EL Orangen-Ingwer-Sirup (siehe S. 6)

Wohlig wärmend

Für 2 Drinks (à ca. 250 ml) | 15 Min. Zubereitung | 5 Min. Ziehen
Pro Drink ca. 30 kcal, 0 g EW, 0 g F, 7 g KH

1 Die Orange heiß waschen und 2–3 Stück Schale dünn abschälen, den Saft auspressen. Die Kardamomkapseln leicht andrücken.

2 Orangenschale, alle Gewürze und 500 ml Wasser in einen Topf geben. Alles aufkochen und bei kleiner Hitze ca. 5 Min. köcheln lassen, dann vom Herd nehmen. Die Teeblätter dazugeben und alles abgedeckt ca. 5 Min. ziehen lassen.

3 Den Tee durch ein Sieb gießen, den Orangensaft untermischen. Den Tee mit dem Sirup süßen und in Tassen, Becher oder Gläser füllen.

MASALA-CHAI-LATTE

½ Zimtstange | 1 Stück Sternanis | 4 Nelken | ½ TL Fenchelsamen | 1 grüne Kardamomkapsel | 5 schwarze Pfefferkörner | 2 TL schwarze Teeblätter (z. B. Darjeeling) | 100 ml fettarme Milch | 2 EL Rohrzucker

Asia meets Italy

Für 2 Drinks (à ca. 250 ml) | 15 Min. Zubereitung
Pro Drink ca. 85 kcal, 2 g EW, 1 g F, 17 g KH

1 In einem Topf 400 ml Wasser aufkochen und vom Herd nehmen. Die Gewürze im Mörser grob zerstoßen und mit den Teeblättern ins Wasser geben. Den Tee abgedeckt 5–6 Min. ziehen lassen.

2 Inzwischen die Milch erhitzen (nicht zu heiß werden lassen) und mit einem Milchaufschäumer schaumig aufschlagen.

3 Den Tee durch ein Sieb gießen und die Teeblätter gut ausdrücken. Den Tee mit Zucker süßen und in Tassen, Becher oder Gläser füllen. Die aufgeschäumte Milch dazugießen.

TEA-BEER-SPRITZER

2 TL schwarze Teeblätter (ersatzweise eine Mischung aus z. B. Rosenblüten- und Hibiskusblättern) | 2 EL Teesirup (siehe S. 6) | 2 Zitronenspalten | 2 hauchdünne Scheiben Ingwer | ein paar Minzeblättchen | 2 Flaschen alkoholfreies Ingwer-Bier (à 200 ml)

Achtung, ingwerscharf!

Für 2 Drinks (à ca. 250 ml) | 10 Min. Zubereitung
Pro Drink ca. 135 kcal, 0 g EW, 0 g F, 33 g KH

1 In einen Topf 100 ml Wasser geben und aufkochen, dann den Topf vom Herd nehmen. Danach die Teeblätter ins Wasser geben und den Tee abgedeckt 5–6 Min. ziehen lassen.

2 Inzwischen Teesirup, Zitronenspalten, Ingwerscheiben und Minzeblättchen auf Tassen, Becher oder Gläser verteilen. Das Ingwer-Bier in einem Topf leicht erwärmen.

3 Das Ingwer-Bier in die Tassen, Becher oder Gläser füllen. Den Tee durch ein Sieb dazugießen.

REGISTER

Damit Sie die Rezepte mit bestimmten Zutaten noch schneller finden, sind in diesem Register auch beliebte Zutaten wie **Kokoswasser** oder **Milch** alphabetisch eingeordnet und hervorgehoben. Darunter finden Sie das Rezept Ihrer Wahl.

Projektleitung: Jessica Kleppel
Lektorat: Maryna Zimdars
Korrektorat: Jutta Friedrich
Innen- und Umschlaggestaltung: independent Medien-Design, Horst Moser, München
Illustrationen: Julia Hollweck
Herstellung: Mendy Jost
Satz: Kösel, Krugzell
Reproduktion: medienprinzen GmbH, München
Druck und Bindung: Firmengruppe APPL, aprinta druck, Wemding
Syndication: www.imageprofessionals.com

Printed in Germany
7. Auflage 2024
ISBN 978-3-8338-5328-9

www.facebook.com/gu.verlag

GRÄFE UND UNZER

Ein Unternehmen der
GANSKE VERLAGSGRUPPE

Die Autorin

Christina Geiger hat ihre Leidenschaft für Essen und Trinken zum Beruf gemacht. Seit vielen Jahren arbeitet sie erfolgreich als freie Kochbuchautorin und macht als Foodstylistin die verschiedensten Leckereien schick für die Kamera. Für dieses Buch hat sie ihre Küche kurzerhand in eine Cocktailbar verwandelt.

Die Fotografen

Andrea Kramp und **Bernd Gölling** lernten sich während des Fotodesign-Studiums kennen. Seit 1983 arbeiten sie gemeinsam für Redaktionen, Verlage und Agenturen in ihrem Studio bei Hamburg im Bereich Food und Still Life. Zusammen mit **Hermann Rottmann** (Foodstyling) haben sie die alkoholfreien Durstlöscher in Szene gesetzt.

Bildnachweis

Autorenfoto: privat, Titelfoto: Wolfgang Schardt, Hamburg; alle anderen Fotos: Kramp + Gölling Fotodesign, Reeßum

Titelrezept

Strawberry Margarita (S. 47)

Umwelthinweis:
Dieses Buch ist auf PEFC-zertifiziertem Papier aus nachhaltiger Waldwirtschaft gedruckt.

QUALITÄTS G|U GARANTIE

LIEBE LESERINNEN UND LESER,

wir wollen Ihnen mit diesem Buch Informationen und Anregungen geben, um Ihnen das Leben zu erleichtern oder Sie zu inspirieren, Neues auszuprobieren. Wir achten bei der Erstellung unserer Bücher auf Aktualität und stellen höchste Ansprüche an Inhalt und Gestaltung. Alle Anleitungen und Rezepte werden von unseren Autoren, jeweils Experten auf ihren Gebieten, gewissenhaft erstellt und von unseren Redakteur*innen mit größter Sorgfalt ausgewählt und geprüft.

Haben wir Ihre Erwartungen erfüllt? Sind Sie mit diesem Buch und seinen Inhalten zufrieden? Wir freuen uns auf Ihre Rückmeldung. Und wir freuen uns, wenn Sie diesen Titel weiterempfehlen, in Ihrem Freundeskreis oder bei Ihrem Online-Kauf.

Sollten wir Ihre Erwartungen so gar nicht erfüllt haben, tauschen wir Ihnen Ihr Buch jederzeit gegen ein gleichwertiges zum gleichen oder ähnlichen Thema um.

KONTAKT ZUM LESERSERVICE

GRÄFE UND UNZER VERLAG
Grillparzerstraße 12
81675 München
www.gu.de

Appetit auf mehr?

ISBN 978-3-8338-6465-0

ISBN 978-3-8338-5013-4

ISBN 978-3-8338-6627-2

Laden im App Store

ANDROID APP BEI Google play

ISBN 978-3-8338-4123-1

ISBN 978-3-8338-6854-2

Alle hier vorgestellten Bücher sind auch als eBook erhältlich.

G|U

Willkommen im Leben.

Mehr von GU auf **www.gu.de** und
facebook.com/gu.verlag

EISGEKÜHLTES AUF VORRAT

Mit nur einem Griff sind Sie gut versorgt, denn im Tiefkühlfach liegen startklar für Sie bereit: ein Getränk zum Mitnehmen und ein erfrischendes Dessert.

LIMONADE TO GO

Für 4–6 Portionen: 200 ml Wasser und 250 g Zucker unter Rühren erhitzen, bis sich der Zucker aufgelöst hat. Den Sirup bei mittlerer Hitze 1–2 Min. kochen lassen, dann vom Herd nehmen und auskühlen lassen. Dann den Saft von 5 Limetten und 1,5 l stilles Mineralwasser zum Sirup gießen. Die Limonade in extrastarke Beutel mit Druck- oder Zippverschluss füllen (nach Belieben mit ein paar Limettenscheiben). Die Beutel gut verschließen und die Limonade im Tiefkühlfach gefrieren lassen. Bei Bedarf herausnehmen und auftauen lassen (z. B. auf dem Weg ins Büro). Zum Genießen den Beutel ein wenig öffnen und einen Trinkhalm hineinstecken – fertig.

SLUSHIE IM GLAS

Für 4–5 Portionen: 300 g TK-Erdbeeren mit 600 ml Orangensaft (sehr fein: frisch gepresster Saft von je zur Hälfte Blutorangen und süßen Saftorangen) und 100 g Zucker in den Mixer geben und alles auf höchster Stufe fein pürieren. Den Slushie in kleine Twist-off-Gläser füllen (nicht zu voll machen!), die Gläschen verschließen und den Slushie im Tiefkühlfach gefrieren lassen. Bei Bedarf die Gläschen herausnehmen, Slushie fast auftauen lassen (z. B. auf dem Weg zum Picknickplatz), gut durchrühren und gleich aus dem Glas löffeln oder durch einen dicken Trinkhalm schlürfen. Das Rezept ist auch perfekt für die Resteverwertung von Früchte-Smoothies.